KidS – Literatur-Kartei:

Annette Weber

3-fach differenzierter Lesebegleiter

Verlag an der Ruhr

Impressum

Titel
KidS – Literatur-Kartei
„Ben bei den Piraten" – 3-fach differenzierter Lesebegleiter

Autorin
Annette Weber

Titelbildmotiv und Illustrationen
Petra Lefin

Druck
Heenemann GmbH & Co. KG, Berlin, DE

Verlag an der Ruhr
Mülheim an der Ruhr
www.verlagruhr.de

Geeignet für die Klassen 2–3

Unser Beitrag zum Umweltschutz:
Wir sind seit 2008 ein ÖKOPROFIT®-Betrieb und setzen uns damit aktiv für den Umweltschutz ein. Das ÖKOPROFIT®-Projekt unterstützt Betriebe dabei, die Umwelt durch nachhaltiges Wirtschaften zu entlasten. Unsere Produkte sind grundsätzlich auf chlorfrei gebleichtes und nach Umweltschutzstandards zertifiziertes Papier gedruckt.

ISBN 978-3-8346-3800-7

Diese Literatur-Kartei bezieht sich auf die Taschenbücher:

ISBN 978-3-8346-3797-0 | ISBN 978-3-8346-3798-7 | ISBN 978-3-8346-3799-4

Inhaltsverzeichnis

Vorwort

Was ist die KidS-Reihe und für wen ist sie gedacht?

Die Reihe „KidS – Klassenlektüre in drei Schwierigkeitsstufen“ eignet sich besonders für **heterogene, jahrgangsübergreifende oder inklusive Klassen**. Die Lektüre erzählt auf **drei unterschiedlich schwierigen Lesestufen ein und dieselbe Geschichte**. Dabei stehen auf den gleichen Seiten auch jeweils gleiche Inhalte. Sie sind lediglich in den unterschiedlichen Versionen **sprachlich unterschiedlich anspruchsvoll** aufbereitet. So ist es möglich, ein gemeinsames Buch zu besprechen und doch den einzelnen Schüler in seiner Lesekompetenz dort abzuholen, wo er steht, um ihn individuell zu fördern. Lesen findet auf die Art und Weise gemeinsam und doch unterschiedlich statt und berücksichtigt Kinder mit verschiedenen Lesefähigkeiten und -biografien. Die Handlung verarbeitet ein pädagogisch und kinderliterarisch **ansprechendes und relevantes Thema**. Dabei ist jede Version für die Kinder motivierend zu lesen, sie enthält Spannung und ist unterhaltsam geschrieben. Die Charaktere entsprechen dabei der Altersgruppe der Leser, wobei Jungen und Mädchen gleichermaßen berücksichtigt werden.

Die Lektüre **„Ben bei den Piraten“** ist für das **2./3. Schuljahr** vorgesehen. Sie erzählt die Geschichte eines Jungen, der sich während eines Schulausflugs plötzlich an Bord eines Piratenschiffes wiederfindet und dort so manches Abenteuer zu bestehen hat.

Die Elemente der Differenzierung in der KidS-Reihe

Die 3 Lesestufen unterscheiden sich auf graphischer, sprachlicher und geringfügig auch auf inhaltlicher Ebene.

- **Lesestufe 1:** geringe Textmenge, große Schrift, Sinn-Umbrüche am Zeilenende, einfache Wörter, kurze Sätze mit einfachen Satzstrukturen
- **Lesestufe 2:** mittelgroße Schrift, längere Sätze mit einfachen Nebensatzkonstruktionen
- **Lesestufe 3:** längerer Text in kleinerer Schrift, schwierigere Satzkonstruktionen in Nebensätzen und bei wörtlicher Rede, sprachliche Bilder

Wie sind diese Begleitmaterialien aufgebaut?

Die Arbeitsblätter des Lesebegleiters trainieren **auf 3 Differenzierungsniveaus das Leseverstehen** (vgl. hierzu die Lesekompetenztabelle auf S. 5/6).

- 1 **Lesestufe 1:** Vorwiegend Fragen, für deren Beantwortung die Informationen direkt aus dem Text entnehmbar sind; einige Fragen, bei denen die Meinung gefragt ist. Viele Aufgaben sind lediglich durch Ankreuzen, Verbinden etc. zu lösen und erfordern keine eigene Schriftproduktion.
- 2 **Lesestufe 2:** Vorwiegend Fragen, für deren Beantwortung die Informationen aus dem Text direkt entnehmbar sind; einige Fragen, die Stellungnahmen oder Schlussfolgerungen erfordern.
- 3 **Lesestufe 3:** Viele Fragen, bei denen Antworten selbst formuliert werden müssen; einige Fragen, deren Antworten erschlossen oder durch Interpretation ermittelt werden müssen; hin und wieder Aufgaben, die eigene Stellungnahmen erfordern.

Mit diesem Symbol wird jeweils auf die **Seiten im Kinderbuch** verwiesen: 📖

Viel Spaß bei der Lektüre wünscht Ihnen und Ihrer Klasse

Annette Weber

Kompetenztabelle (1/2)

Seite ⬇	Lesestufe ⬇ \ Kompetenzen der Texterschließung ➡	Genau lesen, auch seitenübergreifend	Informationen wörtlich auffinden/wiedergeben	Informationen nicht wörtlich zuordnen/wiedergeben	Belege angeben (Seiten, Zeilen)	Einfache Schlussfolgerungen aus dem Kontext ziehen	Zentrale Aussagen erfassen/wiedergeben	Textstellen interpretieren	Bild-Text-Zusammenhänge herstellen	Fehler finden	Antizipieren	Eigenes Weltwissen/eigene Erfahrungen einbringen	Schwieriges klären (nachschlagen, Kontext, fragen)	Sinnabschnitte sinnvoll zuordnen/benennen	Textabschnitte richtig ordnen	Textstellen markieren	Stellung nehmen (Meinung zu Inhalten, Bewertung)
7	1	X	X				X										
8	2	X	X	X	X												
9	3	X	X			X	X	X				X					X
10	1	X		X		X			X								
11	2	X	X	X		X			X		X						
12	3	X	X	X					X		X						X
13	1	X	X	X					X	X							
14	2		X	X			X		X			X					
15	3	X		X		X			X		X	X					X
16	1	X		X			X		X								
17	2	X	X	X						X							
18	3	X	X	X					X								
19	1	X	X	X			X		X			X					
20	2	X	X	X	X	X	X										X
21	3	X		X		X	X	X									
22	1	X		X			X										
23	2	X		X			X										
24	3	X		X			X										
25	1			X			X								X		X
26	2			X			X								X		X
27	3			X			X				X				X		
28	1	X	X														
29	2	X	X														
30	3	X	X										X				
31	1		X						X		X						
32	2		X						X		X						X

Kompetenztabelle (2/2)

⬇ Seite	➡ Kompetenzen der Texterschließung / ⬇ Lesestufe	Genau lesen, auch seitenübergreifend	Informationen wörtlich auffinden/wiedergeben	Informationen nicht wörtlich zuordnen/wiedergeben	Belege angeben (Seiten, Zeilen)	Einfache Schlussfolgerungen aus dem Kontext ziehen	Zentrale Aussagen erfassen/wiedergeben	Textstellen interpretieren	Bild-Text-Zusammenhänge herstellen	Fehler finden	Antizipieren	Eigenes Weltwissen/eigene Erfahrungen einbringen	Schwieriges klären (nachschlagen, Kontext, fragen)	Sinnabschnitte sinnvoll zuordnen/benennen	Textabschnitte richtig ordnen	Textstellen markieren	Stellung nehmen (Meinung zu Inhalten, Bewertung)
33	3			X			X		X		X	X					X
34	1	X	X	X					X								
35	2		X	X		X			X								
36	3		X	X		X					X						X
37	1	X		X		X			X	X							
38	2	X	X			X		X	X	X							
39	3	X				X			X			X				X	
40	1													X			
41	2													X			
42	3													X			
43	1			X		X											X
44	2	X				X				X							X
45	3			X							X						X
46	1		X	X					X								
47	2			X		X			X			X					
48	3	X	X	X		X						X					
49	1			X			X										
50	2			X			X										
51	3			X			X										
52	1			X			X		X					X			
53	2			X			X		X					X			
54	3			X			X		X					X			
55	1–3	X											X				
56	1–3																X

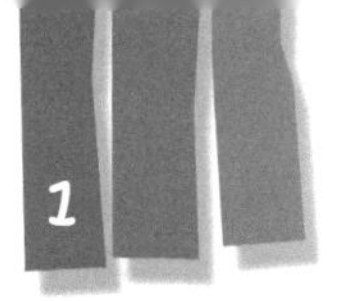

Die Pantoffeln sind schuld (1/2)

S. 4/5

1. Im Suchsel verstecken sich 5 Wörter aus dem Kapitel. Markiere sie.

G	J	Y	E	G	J	F	Z	R	Y	B	S	C	H	L	O	S	S	X
T	N	V	I	A	U	A	T	M	P	Y	X	L	R	K	F	X	E	B
S	Q	U	S	X	P	A	N	T	O	F	F	E	L	N	S	E	D	M
C	N	E	H	Y	M	N	Y	N	M	O	C	G	Y	O	N	P	J	V
O	E	N	K	E	R	Y	B	N	M	H	O	L	Z	B	O	D	E	N

2. Schreibe die fehlenden Wörter. Die Wörter im Suchsel helfen dir.

Die Kinder tragen ....

Sie rutschen damit über den ....

Er ist glatt wie ....

Der Führer heißt Herr ....

Er führt die Kinder durch das ....

3. Was macht Ben? Kreuze an. Mehrere Antworten sind möglich.

☐ Er isst sein Brot.
☐ Er rutscht über den Holzboden.
☐ Er langweilt sich.
☐ Er spielt mit Tessa fangen.

ISBN 978-3-8346-3800-7 | www.verlagruhr.de

Die Pantoffeln sind schuld (1/2)

S. 4/5

1. Im Suchsel verstecken sich 7 Wörter aus dem Kapitel. Markiere sie.

C	N	C	X	E	N	K	E	R	I	P	A	N	T	O	F	F	E	L	N
V	I	U	L	O	O	F	J	M	A	Z	U	J	S	B	X	X	T	V	C
O	U	Y	B	H	I	K	I	R	O	A	R	W	P	N	P	B	G	Q	K
D	D	P	A	R	K	E	T	T	G	B	E	N	G	S	R	Y	G	X	I
N	H	Q	H	U	U	R	H	U	H	V	S	E	S	C	H	L	O	S	S
N	L	E	B	E	N	G	Q	E	I	S	C	Y	J	U	E	W	J	K	L

2. Setze die fehlenden Wörter in den Text ein. Die Wörter im Suchsel helfen dir.

Das .... ist sehr kostbar.

Darum müssen die Kinder .... tragen.

.... rutscht damit.

Der Holzboden ist glatt wie ....

Herr .... erzählt viel über das

.... im ....

3. Suche die Stellen im Text.

Die Schüler der 2b lachen. Seite ...., Zeile ....

Die Kinder schauen sich andächtig um. Seite ...., Zeile ....

Er berichtet über das Leben im Schloss. Seite ...., Zeile ....

4. Was macht Ben?

....

....

ISBN 978-3-8346-3800-7 | www.verlagruhr.de

Die Pantoffeln sind schuld (1/2)

S. 4/5

1. Setze die fehlenden Wörter in den Text ein.
Achtung: Manche Wörter gehören nicht dazu.

Eisfläche – Friedenstein – Glas – glatt – kostbar – Luft – Ofenrohr – Pantoffeln – Parkett – Rasenmäher – Schloss – Trauben

Die Klasse 2b besichtigt das ………………………… ………………………….

Weil das ………………………… sehr ………………………… ist,

müssen die Schüler ………………………… anziehen.

Der Boden ist so ………………………… wie eine ………………………….

2. „Immer müssen die Lehrer den Spaß verderben!", denkt Ben.
Warum denkt er das? Wie siehst du das?

Ben denkt das, weil …………………………

…………………………

…………………………

…………………………

Ich finde, dass …………………………

…………………………

…………………………

…………………………

3. Hast du schon einmal ein Schloss besichtigt? Wo warst du?
Was hast du dort gesehen?

…………………………

…………………………

…………………………

…………………………

 ISBN 978-3-8346-3800-7 | www.verlagruhr.de

Die Pantoffeln sind schuld (2/2)

S. 6–9

**1. Schau dir das Bild an.
Wen siehst du hier? Schreibe auf.**

Auf dem Schiff steht ein ....

Er heißt ....

Er gehört zu den ....

2. Warum wurde das Bild gemalt? Kreuze an.

Ein Vorfahre des Herzogs wurde einmal …
- ☐ von Piraten eingeladen.
- ☐ von Piraten überfallen.
- ☐ von Piraten entführt.

3. Warum interessiert sich Ben für den Piraten? Kreuze an.

- ☐ Der Pirat sieht so stark aus.
- ☐ Der Pirat sieht so gefährlich aus.
- ☐ Der Pirat sieht so lustig aus.

4. Was will Ben dem Piraten zeigen?

....

....

....

....

....

....

ISBN 978-3-8346-3800-7 | www.verlagruhr.de

Die Pantoffeln sind schuld (2/2)

S. 6–9

1. Ben betrachtet das Bild lange. Wen gibt es hier zu sehen? Schreibe auf. Die Stichpunkte helfen dir.

Kapitän Wildfuchs – gefährlicher Pirat – Windbeuter – blaue Uniform – Säbel – Fernrohr auf Ben gerichtet

2. Ben interessiert sich für den Piraten. Warum?

3. Was sagt Ben zu dem Piraten? Kreuze an.

- ☐ Schau mal, wie ich flitzen kann!
- ☐ Ich zeige dir, wie ich rennen kann!
- ☐ Willst du mal sehen, wie ich rutschen kann?

4. Wie könnte die Geschichte weitergehen? Schreibe einen Satz.

ISBN 978-3-8346-3800-7 | www.verlagruhr.de

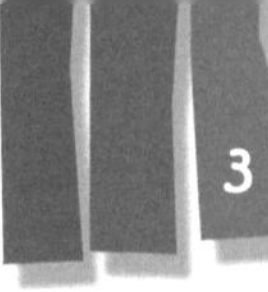

Die Pantoffeln sind schuld (2/2)

S. 6–9

1. Ben betrachtet das Bild lange. Was gibt es hier zu sehen?

....

....

....

....

....

2. Tessa macht eine Bemerkung. Was sagt sie? Kreuze an.

☐ „Jungs immer mit ihren albernen Piraten."
☐ „Jungs immer mit ihren bescheuerten Piraten."
☐ „Jungs immer mit ihren blöden Piraten."

3. Interessierst du dich für Piraten? Begründe deine Antwort.

☐ Ja ☐ Nein ....

....

....

4. Ben zeigt dem Piraten, wie gut er rutschen kann. Was passiert?

....

....

....

5. Wie könnte die Geschichte weitergehen?

....

....

....

ISBN 978-3-8346-3800-7 | www.verlagruhr.de

Auf dem Ausguck

S. 10–13

1. Schau dir das Bild an. Wo ist Ben?

2. Welche Befehle gibt der Hauptmann? Kreuze an.

- ☐ „Komm endlich runter!"
- ☐ „Nun mach schon!"
- ☐ „Mach deine Augen auf!"
- ☐ „Stell dich nicht so an!"
- ☐ „Nimm das Fernrohr!"
- ☐ „Zittere nicht so!"

3. Wie geht es Ben dort oben auf dem Ausguck?

4. Streiche die falschen Wörter durch.

Seine Hände klammern/zittern.

Er klettert langsam/schnell aus dem Korb.

Seine Hände sind fettig/feucht.

Ein Fehler und er wäre gesund/tot.

 ISBN 978-3-8346-3800-7 | www.verlagruhr.de

Auf dem Ausguck

S. 10–13

1. Schau dir das Bild an. Beantworte die Fragen.

Wo befindet sich Ben?

Wie ist er dort hingekommen?

Was tut er dann?

2. Welche Satzteile gehören zusammen? Verbinde.

Vorsichtig richtet Ben sich auf	wie er aus dem Korb klettern soll.
Er kann nicht fassen,	ein Bein über den Korb.
Ben weiß überhaupt nicht,	und schaut über das hölzerne Geländer.
Er schwingt	was er da sieht.

3. Wovor hast du Angst? Schreibe auf.

ISBN 978-3-8346-3800-7 | www.verlagruhr.de

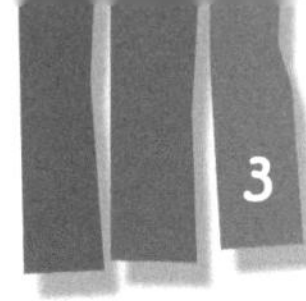

Auf dem Ausguck

S. 10–13

1. Schau dir das Bild an. Was ist hier passiert?

....

....

....

....

....

....

....

2. An welchen Befehlen erkennt Ben, was passiert ist? Kreuze an.

- ☐ „He, du da oben! Schlaf nicht!“
- ☐ „Na, sperr doch deine Augen auf, du Schlafmütze!“
- ☐ „Dann nimm doch das Fernrohr, verdammt!“
- ☐ „Nun mach schon!“

3. Stell dir vor, du wärst an Bens Stelle. Was würdest du tun?

....

....

....

....

4. Gibt es etwas, vor dem du dich fürchtest?

....

....

....

....

 ISBN 978-3-8346-3800-7 | www.verlagruhr.de

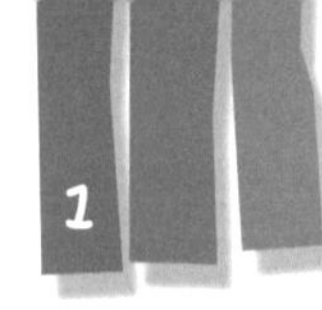

In Piratenhand (1/2)

S. 14–17

1. Wie sieht der Hauptmann aus?
   Finde die Antwort im Text.
   Male dann ein Bild von ihm.

2. Welche Regeln gibt es auf dem Piratenschiff?
   Kreuze an.

- ☐ Während der Arbeit darf man sich unterhalten.
- ☐ Wer redet, wird über die Reling gehängt.
- ☐ Wer müde ist, darf eine Pause machen.
- ☐ Wer zu langsam ist, muss Würmer essen.
- ☐ Man sagt: Jawohl, Herr Hauptmann.
- ☐ Man bekommt nach der langen Arbeit etwas zu essen.

3. Wie geht es Ben bei der Arbeit? Kreise ein.

hungrig
durstig
müde
erschöpft
fröhlich
neugierig
ängstlich
lustig

ISBN 978-3-8346-3800-7 | www.verlagruhr.de

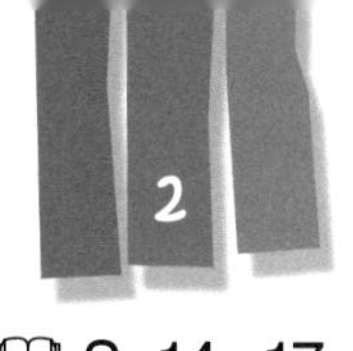

In Piratenhand (1/2)

S. 14–17

**1. Wie sieht der Hauptmann aus?
Streiche das falsche Wort durch.**

Der Pirat trägt eine weiße/schwarze Hose.

Der Pirat hat einen Totenkopf/Stern auf den Schulterklappen.

Der Pirat hat ein Kopftuch/Stirnband um den Kopf gebunden.

Der Pirat hat eine Warze/Narbe im Gesicht.

2. Welche Regeln gibt es auf dem Piratenschiff?

Auf einen Befehl antwortet man: „Jawohl, ...

....!“

Wenn man zu langsam ist, muss man .... essen.

Wenn man bei der Arbeit redet, wird man über die ....

gehängt. Mit dem Kopf zuerst.

3. Beschreibe, wie es Ben während der Arbeit geht.

....

....

....

....

....

....

....

....

....

....

....

ISBN 978-3-8346-3800-7 | www.verlagruhr.de

In Piratenhand (1/2)

S. 14–17

**1. Wie sieht der Hauptmann aus?
Finde die fehlenden Wörter im Text.**

Er trägt ein .... Hemd und eine .... Hose.

Auf seinen Schulterklappen prangt ein ....

Um die verfilzten Haare hat er ein .... gebunden.

Er trägt einen .... bei sich.

Im Gesicht hat er eine lange ....

2. Als Ben den Hauptmann sieht, gehen ihm viele Gedanken durch den Kopf.

3. Welche Regeln gibt es auf dem Piratenschiff?

Auf einen Befehl antwortet man: „........................!“

Wenn man zu langsam ist, muss man ....

Wenn man bei der Arbeit redet, wird man ....

ISBN 978-3-8346-3800-7 | www.verlagruhr.de

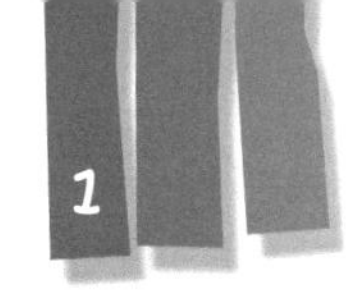

In Piratenhand (2/2)

S. 18–21

**1. Wie sieht das Mädchen aus?
Finde die fehlenden Wörter im Text.**

Das Mädchen sieht aus wie ein ....

Die Schürze ist ....

Ihre Augen sind ....

2. Was erfährst du über das Mädchen? Kreuze an.

☐ Das Mädchen ist viel älter als Ben.
☐ Das Mädchen ist die Tochter von Kapitän Bernstein.
☐ Das Mädchen ist bei Kapitän Wildfuchs zu Gast.
☐ Die Piraten haben das Mädchen entführt.
☐ Das Mädchen muss für die Piraten kochen.

3. Warum verzieht Ben sein Gesicht?

....

....

....

....

....

4. Welches Gericht kannst du kochen?

....

....

 ISBN 978-3-8346-3800-7 | www.verlagruhr.de

In Piratenhand (2/2)

S. 18–21

1. Suche die Stellen im Text.

Ben stolpert eine Treppe hinunter. Seite ...., Zeile ....

„Wo ist dein Teller?“ Seite ...., Zeile ....

Vor Schreck lässt Ben beinahe den Teller fallen. Seite ...., Zeile ....

2. Ben betrachtet das Mädchen. Schreibe seine Gedanken auf.

3. Was erfährst du über das Mädchen? Schreibe auf.

Sie ist die Tochter von ....

Die Piraten haben sie ....

Sie muss für die Piraten ....

4. Ist es eine gute Idee, dass das Mädchen für alle kocht?

☐ Ja / ☐ Nein, weil ....

....

ISBN 978-3-8346-3800-7 | www.verlagruhr.de

In Piratenhand (2/2)

S. 18–21

1. Was erfährst du über das Mädchen? Schreibe auf.

....

....

....

....

....

2. Woran erkennst du, dass das Mädchen wütend ist?

Ihre Augen ....

Ihre Stimme ....

Ihr Essen ....

3. Was ist richtig? Verbinde.

- kocht gerne
- kocht Haferschleim ohne Zucker
- hat das Kochen von den Eltern gelernt
- kennt viele leckere Gerichte
- ärgert mit ihrem Essen die Piraten

4. Wie findet Ben die Idee, das Mädchen kochen zu lassen?

....

....

....

....

ISBN 978-3-8346-3800-7 | www.verlagruhr.de

Rollentausch (1/2)

S. 22–26

Kreise den richtigen Buchstaben ein.

a) Warum kann Ben nicht schlafen?

F Er ist aufgeregt. G Er ist hungrig.

b) Was steht auf dem Küchentisch?

E Ein Topf. K Ein Glas.

c) Wie heißt das Mädchen?

I Emma Bernstein. U Erna Bernstein.

d) Was haben die Piraten mit dem Mädchen gemacht?

S Sie gefangen genommen. K Sie als Köchin eingestellt.

e) Welchen Beruf hat Emmas Vater?

H Koch. E Pirat.

f) Wie nennt Emma die Windbeuter?

T Deppen. L Idioten.

ISBN 978-3-8346-3800-7 | www.verlagruhr.de

Rollentausch (1/2)

S. 22–26

Kreise den richtigen Buchstaben ein.

a) Woran merkt Ben, dass er Hunger hat?

A Er hat schreckliche Kopfschmerzen.

G Sein Magen fühlt sich an wie eine harte Kugel.

b) Was macht das Mädchen in der Kombüse?

E Das Mädchen schläft auf einer Bank.

T Das Mädchen kocht Sauerbraten mit Rotkohl.

c) Warum ist das Mädchen auf dem Schiff?

I Es ist eine Gefangene.

N Es ist die Tochter des Hauptmanns.

d) Was ist ein Smutje?

M Das ist ein Hausmeister.

S Das ist ein Koch.

e) Wer ist Emmas Vater?

H Der Kapitän der Beerenstein-Piraten.

E Der Kapitän der Bernstein-Piraten.

f) Wie heißen die gegnerischen Piraten?

L Sie heißen Windbeuter.

D Sie heißen Windmeuter.

ISBN 978-3-8346-3800-7 | www.verlagruhr.de

Rollentausch (1/2)

S. 22–26

Beantworte die Fragen. Die richtige Antwort ergibt das Lösungswort.

a) Warum kann Ben nicht schlafen?

- A Er hat Angst.
- G Er hat Hunger.
- C Er hat Heimweh.

b) Wie heißt das Mädchen?

- E Es heißt Emma Bernstein.
- L Es heißt Erna Bernstein.
- K Es heißt Emma Brennstein.

c) Warum ist Emma auf dem Schiff?

- T Sie arbeitet als Köchin.
- O Sie ist eine Freundin des Kapitäns.
- I Sie ist eine Gefangene.

d) Wie heißen die Gegner der Bernstein-Piraten?

- A Sie heißen Windbeulen.
- J Sie heißen Windmeuterer.
- S Sie heißen Windbeuter.

e) Wie nennt Emma die Piraten?

- E Sie nennt sie Vollpfosten.
- J Sie nennt sie Knallbirnen.
- K Sie nennt sie Torfköpfe.

f) Wie findet Ben Emma?

- N Er findet sie schrecklich.
- K Er findet sie dumm.
- L Er findet sie mutig.

Lösungswort: 

ISBN 978-3-8346-3800-7 | www.verlagruhr.de

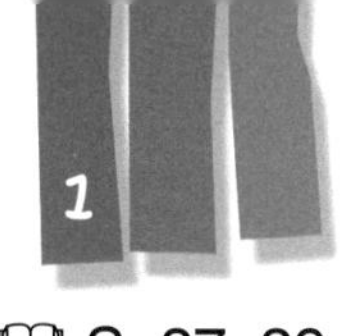

Rollentausch (2/2)

S. 27–29

1. Was ist richtig? Verbinde.

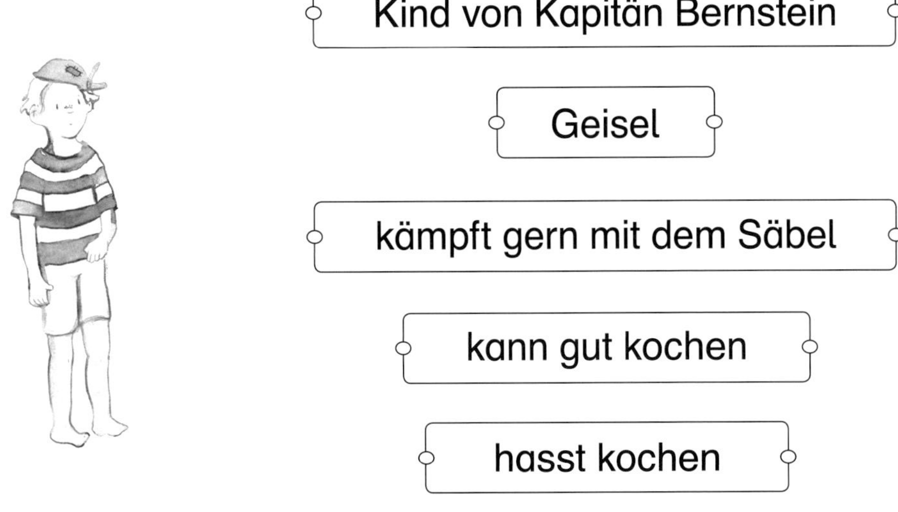

2. Bringe die Sätze in die richtige Reihenfolge.

___ Ben bindet sich Emmas Kopftuch und die Schürze um.

___ Emma will mit Ben die Rollen tauschen.

___ Emma schneidet ihre Haare ab.

___ Ben ist damit einverstanden.

___ Emma sieht jetzt wie ein Junge aus.

3. Wie findest du die Idee mit dem Rollentausch? Kreuze an.

☐ Total bescheuert! Das klappt niemals.

☐ Eine tolle Idee! Das klappt bestimmt.

☐ ....

....

ISBN 978-3-8346-3800-7 | www.verlagruhr.de

Rollentausch (2/2)

S. 27–29

1. Welche Sätze gehören zu Ben, welche zu Emma? Verbinde.

- hasst es, als Smutje zu arbeiten
- hat von den Eltern das Kochen gelernt
- kann Sauerbraten mit Rotkohl zubereiten
- findet die Putzarbeiten auf dem Deck schlimm
- wurde als Geisel auf das Schiff gebracht

2. Bringe die Sätze in die richtige Reihenfolge.

___ Emma will für die Bernstein-Piraten kämpfen.

___ Aber dann gibt er nach.

___ Emma schneidet sich die wilden Haare ab.

___ Sie überredet Ben zu einem Rollentausch.

___ Erst findet Ben die Idee bescheuert.

___ Ben bindet sich Emmas Kopftuch und ihre Schürze um.

3. Wie findest du die Idee mit dem Rollentausch?

☐ Gut / ☐ Nicht gut, weil ....

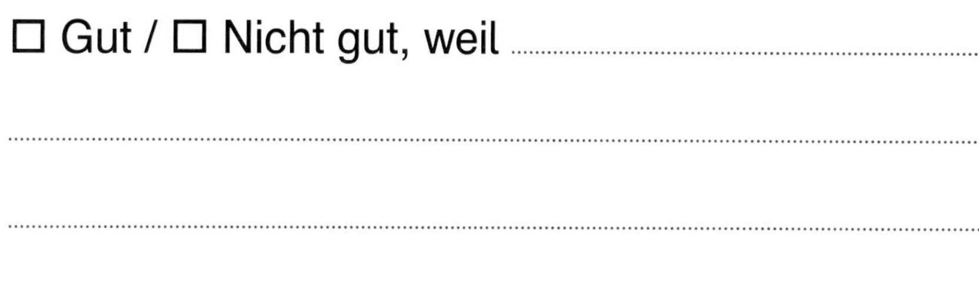

 ISBN 978-3-8346-3800-7 | www.verlagruhr.de

Rollentausch (2/2)

S. 27–29

1. Was ist richtig? Verbinde.

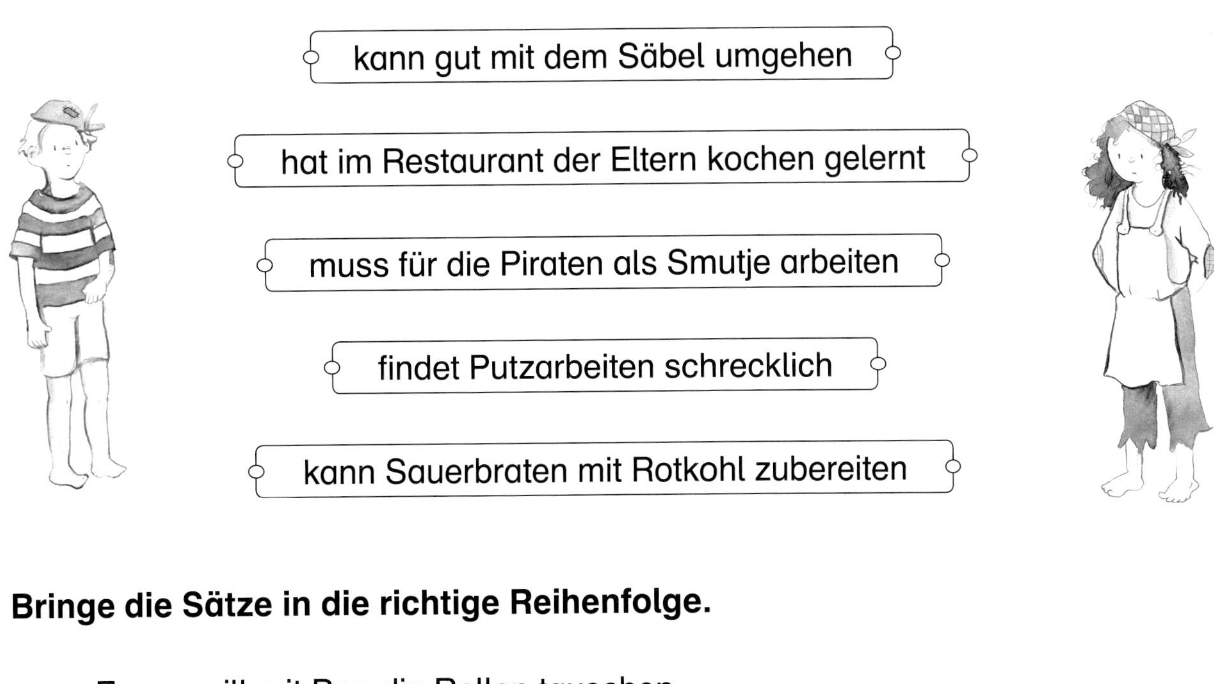

2. Bringe die Sätze in die richtige Reihenfolge.

____ Emma will mit Ben die Rollen tauschen.

____ Emma greift zur Schere und schneidet sich die wilden Haare kurz.

____ Er kann sowieso nicht gut mit dem Säbel kämpfen.

____ Ben bindet sich Emmas Kopftuch und ihre Schürze um.

____ Erst findet Ben die Idee bescheuert.

____ Aber er lässt sich überreden.

3. Was glaubst du, wie geht die Geschichte weiter?

....

....

....

....

....

....

....

ISBN 978-3-8346-3800-7 | www.verlagruhr.de

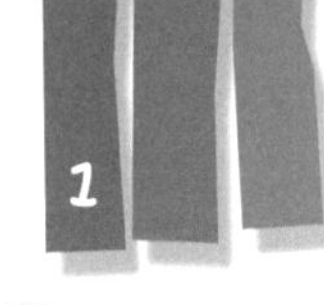

Der gute Koch (1/2)

S. 30–33

1. Was findet Ben in der Speisekammer? Löse das Suchsel. Schreibe auf.

E	I	E	R	D	Y	H	O	N	I	G
F	N	Y	P	X	E	E	L	U	G	S
F	K	Ö	W	I	T	Q	H	E	F	E
J	L	L	Q	F	N	Y	K	L	N	F
M	E	O	V	Z	D	P	R	Q	C	B
E	F	G	E	W	Ü	R	Z	E	B	F
H	Q	N	O	T	Z	J	Q	C	K	L
L	Y	W	N	W	N	Ü	S	S	E	O

....

....

....

....

....

....

....

2. Der Duft des Kuchens lockt die Piraten an. Wer sagt was? Verbinde.

Wie riecht es denn hier?

Ich habe Kuchen gebacken.

Das ist ein süßes Brot.

Kuchen? Was ist das?

Back noch mehr davon!

ISBN 978-3-8346-3800-7 | www.verlagruhr.de

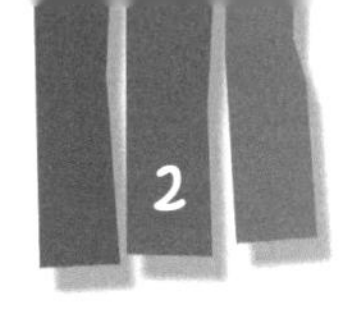

Der gute Koch (1/2)

S. 30–33

1. Was findet Ben in der Speisekammer? Was macht er mit den Zutaten? Löse das Silbenrätsel.

Ei – er – fe – Ge – He – Ho – Mehl – Ku – nig – Nüs – Öl – se – wür – ze – Teig – chen

Ben findet in der Speisekammer ....

....

Er knetet alles zu einem .... zusammen.

Er backt einen ....

2. Der Duft des Kuchens lockt die Piraten an. Schreibe auf, was Kapitän Wildfuchs sagt.

Ich rufe ....

....

....

....

....

....

....

....

....

....

.... Takler.

 ISBN 978-3-8346-3800-7 | www.verlagruhr.de

Der gute Koch (1/2)

S. 30–33

1. Der Duft des Kuchens lockt die Piraten an. Schreibe auf, wer was sagt.

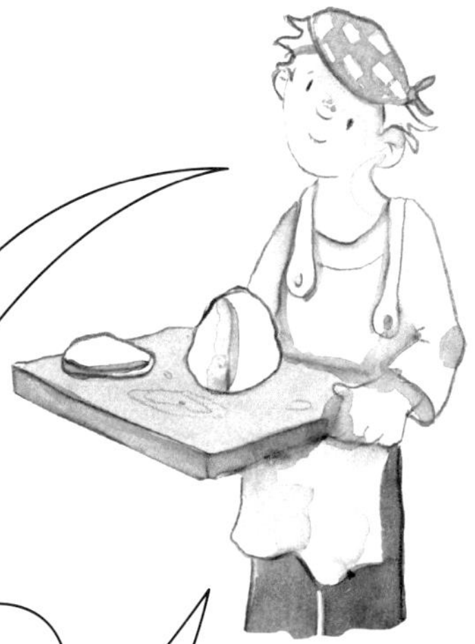

Ich habe ....

Wie riecht ....?

Das ist ....

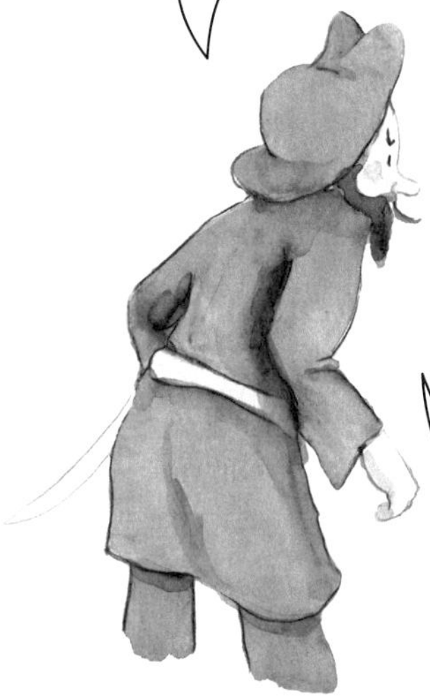

Back.. ....!

2. In dem Text werden verschiedene Berufe genannt. Wer macht was? Verbinde.

 ISBN 978-3-8346-3800-7 | www.verlagruhr.de

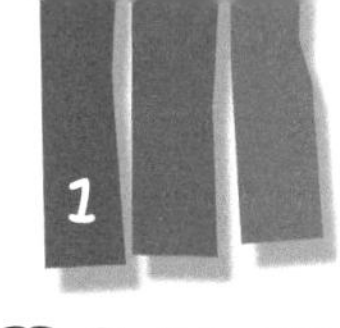

Der gute Koch (2/2)

S. 34–37

1. Plötzlich schlägt die Stimmung um. Was passiert? Setze die fehlenden Wörter ein.

lachen – Kuchen – wälzen – Bauchweh – vergiftet

Den Piraten schmeckt es gut.

Sie wollen noch mehr .... essen.

„Vorsicht! Man kann .... davon bekommen“, warnt Ben.

Die Männer ....

Doch plötzlich .... sich die Piraten auf dem Boden.

Sie haben einen Verdacht:

Ben hat sie .... !

2. Wie könnte die Geschichte weitergehen? Kreuze an.

☐ Die Piraten werfen Ben über Bord.

☐ Die Piraten sperren Ben ein.

☐ Ben muss noch mehr Kuchen backen.

☐ ....

 ISBN 978-3-8346-3800-7 | www.verlagruhr.de

Der gute Koch (2/2)

S. 34–37

1. Plötzlich schlägt die Stimmung um. Was passiert? Die Satzteile im Kasten helfen dir.

man kann Bauchschmerzen bekommen – Ben hat sie vergiftet – noch mehr Kuchen essen – alle wälzen sich auf dem Boden

Den Piraten schmeckt es gut. Sie ....

....

„Vorsicht! Davon ....

.... “,

warnt Ben. Die Männer lachen.

Doch plötzlich ....

....

....

Die Piraten haben einen Verdacht:

....

....

2. Was könnten die Piraten nun tun? Schreibe auf.

....

....

....

....

....

ISBN 978-3-8346-3800-7 | www.verlagruhr.de

Der gute Koch (2/2)

S. 34–37

1. Plötzlich schlägt die Stimmung um. Erzähle, was passiert.

....

....

....

....

....

....

....

2. Warum bekommt man wohl von warmem Hefekuchen Bauchschmerzen?

....

....

....

3. Was würdest du den Piraten sagen, wenn du an Bens Stelle wärst?

....

....

....

....

ISBN 978-3-8346-3800-7 | www.verlagruhr.de

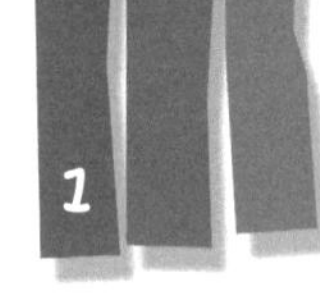

Der Überfall (1/2)

S. 38–40

1. Beantworte die Fragen und kreuze an.

Wer sind die Bernstein-Piraten?

☐ Freunde der Windbeuter

☐ Feinde der Windbeuter

☐ Bens Eltern

Was tragen die Bernstein-Piraten um den Hals?

☐ ein Kreuz

☐ einen riesigen Diamanten

☐ eine Kette aus Bernsteinen

2. Male Emmas Vater in den richtigen Farben an.

3. Was ruft Emmas Vater Kapitän Wildfuchs zu? Male die richtige Sprechblase aus.

ISBN 978-3-8346-3800-7 | www.verlagruhr.de

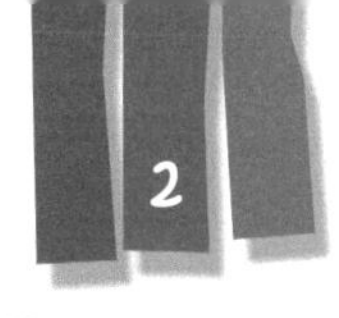

Der Überfall (1/2)

S. 38–40

1. Beantworte die Fragen.

Warum packt Kapitän Wildfuchs Ben am Kragen?

....

....

Wie heißen die beiden Piraten-Gruppen?

....

....

Was ist das Erkennungszeichen der Bernstein-Piraten?

....

....

Wer führt die Bernstein-Piraten an?

....

....

2. Male Emmas Vater in den richtigen Farben an.

3. Was ruft er Kapitän Wildfuchs zu? Schreibe auf.

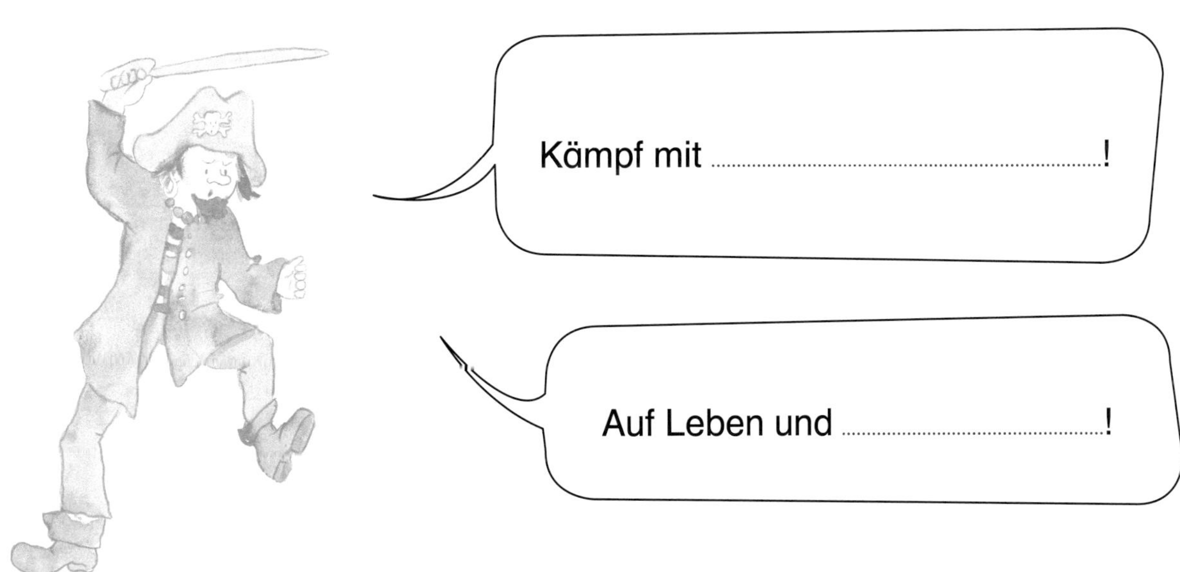

ISBN 978-3-8346-3800-7 | www.verlagruhr.de

Der Überfall (1/2)

S. 38–40

1. Beantworte die Fragen.

Kapitän Wildfuchs ist unglaublich wütend und packt Ben am Kragen.
Was ist passiert?

....

....

....

Feindliche Piraten überfallen das Schiff. Wie heißen sie?
Was wollen sie von den Windbeutern?

....

....

....

2. Was ruft Emmas Vater Kapitän Wildfuchs zu? Schreibe auf.

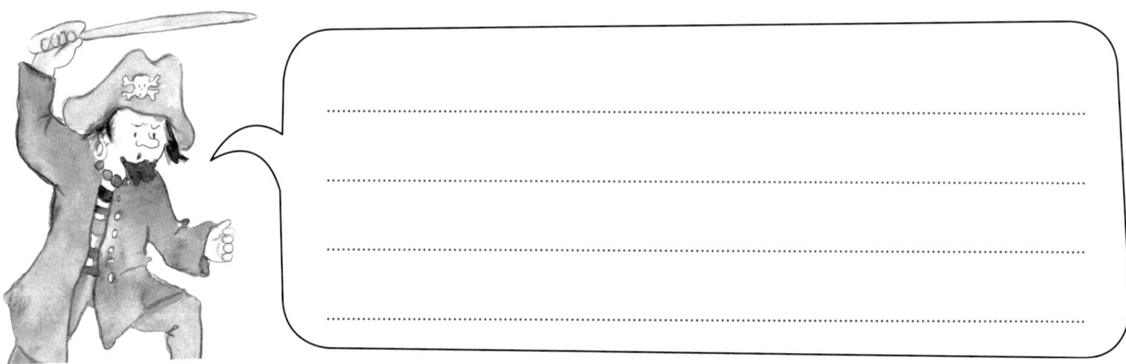

**3. Was denkst du: Wer wird den Kampf gewinnen?
Begründe deine Vermutung.**

....

....

....

....

....

....

 ISBN 978-3-8346-3800-7 | www.verlagruhr.de

Der Überfall (2/2)

S. 41–43

1. Bei diesen Sätzen stimmt etwas nicht.
Streiche das falsche Wort durch.

Kapitän Wildfuchs ist noch rot/grün im Gesicht.
Emmas Vater stößt Kapitän Wildfuchs die Treppe hinauf/hinunter.
Ben kann kochen, nicht schwimmen/kämpfen.
Ben bleibt ängstlich in der Küche/im Schlafzimmer zurück.

2. Ben bleibt in der Küche. Plötzlich öffnet sich die Tür.
Was könnte Ben denken?
Male die passende Gedankenblase aus.

3. Wer ist an der Tür? Was macht er mit Ben?

....

....

....

 ISBN 978-3-8346-3800-7 | www.verlagruhr.de

Der Überfall (2/2)

S. 41–43

1. In jedem Satz ist ein falsches Wort. Markiere es. Schreibe den Satz dann verbessert auf.

Kapitän Wildfuchs ist noch ganz rot im Gesicht.

....

....

Emmas Vater drängt seinen Gegner die Treppe hinunter.

....

....

Ben kann kochen, nicht schwimmen.

....

....

Der Kapitän fesselt Bens Füße.

....

....

2. An welchen Sätzen erkennt man, dass Ben Angst hat? Kreuze an.

- ☐ Ben hält den Atem an.
- ☐ Sein Herz klopft wie wild.
- ☐ Ben lässt die Tür nicht aus den Augen.
- ☐ Sein Gesicht ist dunkelrot.
- ☐ Bens Knie werden weich.
- ☐ „Au, Sie tun mir weh!“

ISBN 978-3-8346-3800-7 | www.verlagruhr.de

Der Überfall (2/2)

S. 41–43

1. Die Piraten kämpfen an Deck. Ben bleibt in der Küche zurück. Plötzlich öffnet sich die Tür. Was könnte Ben denken? Schreibe deine Ideen in die Gedankenblase.

2. Kapitän Wildfuchs kommt zu Ben in die Küche. Wer sagt was? Unterstreiche Bens Aussagen grün und die des Piraten rot.

„Endlich hab ich dich erwischt!", zischt er. „Du wolltest uns vergiften. Das wirst du mir büßen!" „Wie bitte?", ruft Ben erschrocken. Das kann der Kapitän doch nicht ernst meinen. Ben hat doch nur Kuchen gebacken. Dass sich die Piraten den Magen verdorben haben, ist doch nicht seine Schuld. Doch Kapitän Wildfuchs kennt keine Gnade. „Los, an Deck mit dir, du kleine Göre! Du bist meine Geisel!", schreit er nun so laut, dass Bens Knie weich werden.

3. Bist du auch schon einmal in einer gefährlichen Situation gewesen? Schreibe, was dir passiert ist.

 ISBN 978-3-8346-3800-7 | www.verlagruhr.de

Ben als Geisel (1/2)

S. 44–46

**Finde zu jedem Abschnitt eine passende Überschrift.
Die Überschriften im Kasten unten helfen dir.**

....

Kapitän Wildfuchs stößt Ben in die Mitte des Decks.
Er schreit: „Kapitän Bernstein, lasst meine Männer in Ruhe!
Dann bekommt ihr eure Tochter zurück."

....

Emmas Vater lässt den Säbel sinken.
Erst reibt er sich die Augen. Dann krault er seinen Bart.
„Wer soll das sein?", fragt er.
„Erkennst du deine Tochter nicht?", fragt Kapitän Wildfuchs.

....

Emmas Vater lacht laut: „Meine Tochter?
Das ist doch ein Junge. Meine Emma ist da hinten!"
Alle drehen sich nach Emma um.
Sie kämpft gerade gegen drei Männer.

Die Geisel wird ausgeliefert
Der Moment der Wahrheit
Kapitän Bernstein ist verblüfft

ISBN 978-3-8346-3800-7 | www.verlagruhr.de

Ben als Geisel (1/2)

S. 44–46

Finde zu jedem Abschnitt eine passende Überschrift.
Du kannst auch eine Überschrift aus den Vorschlägen unten wählen.

....

Der Kapitän gibt Ben einen Stoß. Der stolpert in die Mitte des Decks. „Lasst meine Männer in Ruhe! Dann bekommt ihr eure Tochter zurück!“, schreit Kapitän Wildfuchs dem Kapitän der Bernstein-Piraten zu.

....

Emmas Vater lässt langsam den Säbel sinken. Jetzt tritt er einen Schritt vor und reibt sich die Augen. Dann krault er seinen dichten Bart. „Wer soll das sein?“, fragt er. „Erkennst du deine eigene Tochter nicht?“, wundert sich Kapitän Wildfuchs.

....

Emmas Vater fängt laut an zu lachen: „Das ist ein Junge, wenn mich nicht alles täuscht. Meine Emma kämpft da hinten!“
Alle drehen sich nach Emma um. Sie hält gerade drei Windbeuter mit ihrem Säbel in Schach.

Eine ängstliche Geisel
Ben ist nicht Emma
Spaß für Kapitän Bernstein
Ben als Geisel
Der verwunderte Kapitän
Emma ist anders
Geiseltausch
Kapitän Bernsteins Verwirrung
Bittere Erkenntnis

 ISBN 978-3-8346-3800-7 | www.verlagruhr.de

Ben als Geisel (1/2)

S. 44–46

Finde zu jedem Abschnitt eine passende Überschrift.

....

Der Kapitän gibt Ben einen gewaltigen Stoß in den Rücken. Ben stolpert erschrocken in die Mitte des Decks. Die Piraten bilden einen Kreis um ihn. „Lasst meine Männer in Ruhe!", schreit Kapitän Wildfuchs dem Kapitän der Bernstein-Piraten zu. „Dann kriegt ihr eure Tochter zurück!"

....

Langsam lässt Emmas Vater seinen Säbel sinken. Jetzt tritt er einen Schritt vor, kneift die Augenbrauen zusammen und reibt sich die Augen. Dann krault er seinen dichten Bart. „Wer soll das sein?", fragt er und dreht sich zu Kapitän Wildfuchs um. „Erkennst du nicht mal deine eigene Tochter?", wundert sich Kapitän Wildfuchs.

....

Emmas Vater bricht in schallendes Gelächter aus. Er weiß genau, dass er nicht seine Tochter vor sich hat. „Wer soll das sein? Meine Tochter?", fragt er. „Das ist ein Junge, wenn mich nicht alles täuscht. Meine Emma kämpft da hinten!" Nun drehen sich alle nach Emma um, die gerade drei Windbeuter mit ihrem Säbel in Schach hält.

 ISBN 978-3-8346-3800-7 | www.verlagruhr.de

Ben als Geisel (2/2)

S. 47–49

1. Was passiert? Verbinde die Sätze.

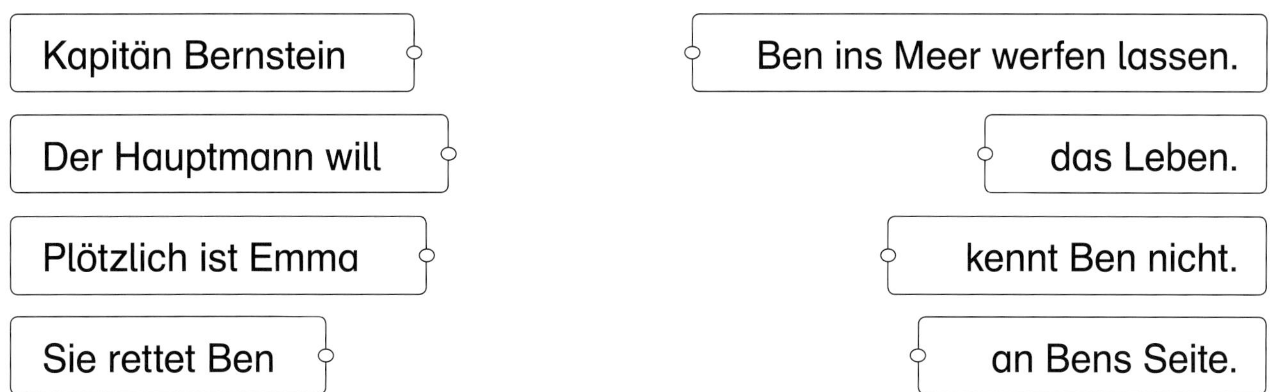

2. Ben soll Hauptmann werden. Was könnte Ben denken? Male die passenden Gedankenblasen aus.

3. Wärst du gern Hauptmann eines Piratenschiffes?

☐ Ja / ☐ Nein, weil ....

....

....

 ISBN 978-3-8346-3800-7 | www.verlagruhr.de

Ben als Geisel (2/2)

S. 47–49

1. Bei diesen Sätzen stimmt etwas nicht. Streiche das falsche Wort durch.

Die Bernstein-Piraten/Windbeuter wollen Ben ins Meer werfen.
Plötzlich steht Emma neben ihrem Vater/Kapitän Wildfuchs.
Ohne Ben hätten wir den Krieg/Kampf nie gewonnen.
Die Bernstein-Piraten/Windbeuter tragen Ben schnell auf ihr Schiff.

2. Ben soll Hauptmann werden. Was könnte Ben denken? Schreibe auf.

3. Wie hättest du dich an Bens Stelle entschieden?

ISBN 978-3-8346-3800-7 | www.verlagruhr.de

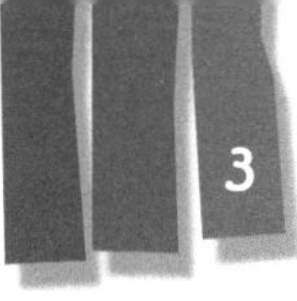

Ben als Geisel (2/2)

S. 47–49

1. **Ben soll ins Meer geworfen werden.
Er versucht, sich zu verteidigen. Was könnte er sagen?**

2. **Wie denkst du darüber? Begründe deine Meinung.**

Wer nicht mit echten Waffen kämpft, ist ein Feigling.

☐ Ich stimme zu. ☐ Ich stimme nicht zu.

Mädchen kämpfen nicht mit einem Säbel.

☐ Ich stimme zu. ☐ Ich stimme nicht zu.

3. **Ben ist in Sicherheit. Was ist passiert?**

 ISBN 978-3-8346-3800-7 | www.verlagruhr.de

Erwacht (1/2)

S. 50–53

1. Schau dir das Bild an. Was ist passiert? Kreuze an.

- ☐ Ben hatte einen Unfall.
- ☐ Ben ist müde.
- ☐ Die Lehrerin hält Ben im Arm.
- ☐ Die Klasse sorgt sich um Ben.
- ☐ Ben ist wieder zu Hause.

2. Wer sagt was? Verbinde.

Ben

Frau Bernau

Herr Enker

- Er ist gegen die Wand gelaufen.
- Wir rufen besser einen Krankenwagen.
- Ich rufe seine Mutter an.
- Mir geht es gut.
- Ihr Sohn hatte einen kleinen Unfall.
- Vielleicht hat er eine Gehirnerschütterung.

ISBN 978-3-8346-3800-7 | www.verlagruhr.de

Erwacht (1/2)

S. 50–53

1. Schau dir das Bild an. Was ist passiert?

Ben öffnet die Augen und ....

....

„Wo ....?“, murmelt Ben.

Frau Bernau erklärt ihm: „..

....“

2. Warum will Ben nicht ins Krankenhaus? Was denkst du?

- ☐ Er hat Angst vor Spritzen.
- ☐ Er möchte sich noch das Schloss anschauen.
- ☐ Ihm geht es wieder besser.

3. Warst du schon einmal im Krankenhaus? Wenn ja, warum?

....

....

....

....

....

....

 ISBN 978-3-8346-3800-7 | www.verlagruhr.de

Erwacht (1/2)

S. 50–53

1. Was tut die Klasse, damit Ben wieder zu sich kommt?

....

....

....

....

....

....

2. Wer sagt welchen Satz? Schreibe den Begleitsatz.

„Oh mein Gott“, ...

„Er ist direkt gegen die Wand gelaufen“, ...

....

„Typisch Jungs“, ...

„Wir sollten besser einen Krankenwagen rufen“, ...

3. Was meinst du, warum will Ben nicht ins Krankenhaus?

....

....

....

....

4. Warst du schon einmal im Krankenhaus? Wenn ja, warum?

....

....

....

....

 ISBN 978-3-8346-3800-7 | www.verlagruhr.de

Erwacht (2/2)

S. 54

Löse das Rätsel.

① ② ③ ④ ⑤ ⑥

① Bens Zustand ist nicht …

② Er darf nach einer Stunde nach …

③ Das wird ihm im Krankenhaus abgenommen.

④ Ben war nicht feige, sondern …

⑤ Das bekommt Ben von seiner Mutter.

⑥ Das Schiff ist nicht klein, sondern …

Lösungswort: ....

 ISBN 978-3-8346-3800-7 | www.verlagruhr.de

Erwacht (2/2)

S. 54

Löse das Rätsel.

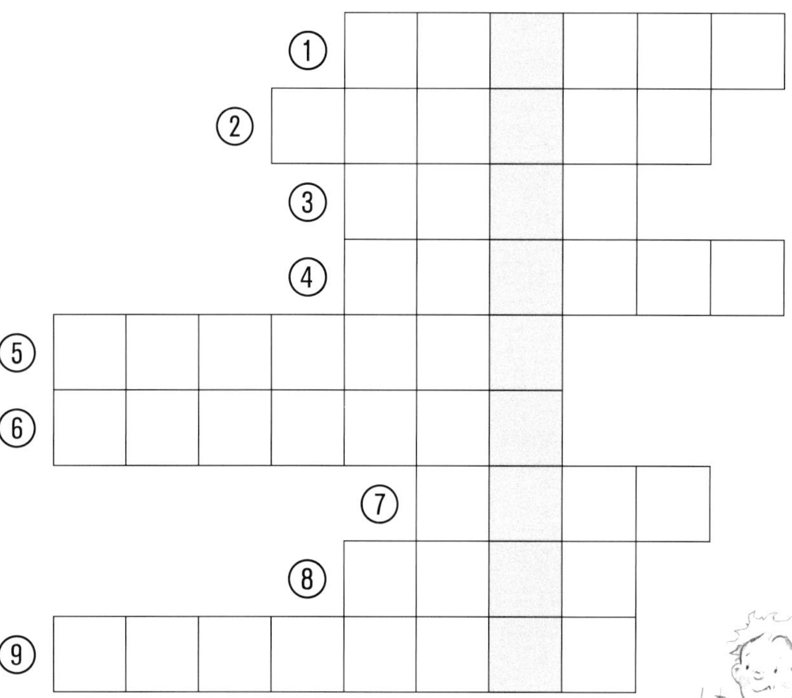

① So wird Ben von seiner Mutter genannt.

② Ben hatte bei dem Ausflug einen kleinen …

③ Das wird Ben im Krankenhaus abgenommen.

④ So verhält sich Ben bei der Untersuchung.

⑤ Das hat Ben bei der Untersuchung nicht getan.

⑥ Bens Zustand ist nicht …

⑦ Wie heißt die Redensart? „Gott sei …"

⑧ So viele Stunden bleibt Ben im Krankenhaus.

⑨ Das bekommt Ben nach der Untersuchung von seiner Mutter.

Lösungswort: ....

ISBN 978-3-8346-3800-7 | www.verlagruhr.de

Erwacht (2/2)

S. 54

Löse das Rätsel.

① So verhält sich Ben bei der Untersuchung im Krankenhaus.
② Damit wird Bens Blut abgenommen.
③ Das hat Ben bei der Untersuchung nicht getan.
④ So viele Stunden bleibt Ben im Krankenhaus.
⑤ Vollende die Redensart: Gott sei …
⑥ Darüber segelte Ben noch vor einer Stunde.
⑦ Nicht zu weinen ist für Ben …
⑧ Das bekommt Ben nach der Untersuchung von seiner Mutter.
⑨ So wird Ben von seiner Mutter genannt.
⑩ Das gibt es in dem Geschäft zu kaufen.
⑪ Das möchte Ben gerne haben: Ein Piraten …
⑫ Den bekommt Ben von seiner Mutter erfüllt.

Lösungswort: ....

 ISBN 978-3-8346-3800-7 | www.verlagruhr.de

Test

1. Schneide die Bilder aus.
2. Klebe sie in der richtigen Reihenfolge untereinander auf ein leeres Blatt.
3. Schreibe neben jedes Bild einen Satz.

ISBN 978-3-8346-3800-7 | www.verlagruhr.de

Test

📖 alle Seiten

1. Schneide die Bilder aus.

2. Klebe sie in der richtigen Reihenfolge untereinander auf ein leeres Blatt.

3. Was passiert? Schreibe zu jedem Bild 2 bis 3 Sätze.

 ISBN 978-3-8346-3800-7 | www.verlagruhr.de

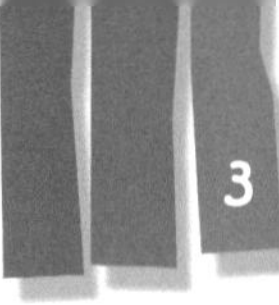

alle Seiten

Test

1. **Schneide die Bilder aus.**
2. **Klebe sie in der richtigen Reihenfolge untereinander auf ein leeres Blatt.**
3. **Was passiert? Schreibe zu jedem Bild einige Sätze.**

ISBN 978-3-8346-3800-7 | www.verlagruhr.de

Lernwörter-Text

alle Seiten

1. **Lies die Lernwörter-Texte.**
2. **Unterstreiche die Wörter, die du schwierig findest.**
   Kreise dann die Stelle ein, die das Wort schwierig macht.

   a) Ben und seine Klasse besichtigen ein Schloss. Sie müssen große Pantoffeln anziehen. Ben rutscht damit über den glatten Boden. Er kann nicht mehr bremsen und fliegt auf ein Bild zu.

   b) Plötzlich findet sich Ben auf einem Schiff wieder. Es ist ein Piratenschiff. Ben muss dort in der Küche arbeiten. Dann aber gerät er in einen gefährlichen Kampf.

3. **Schreibe die folgenden Wörter richtig auf.**

4. **Arbeite mit einem Partner. Der eine von euch diktiert Teil a), der andere Teil b) von Aufgabe 1. Benutzt dazu eure Hefte. Sucht die Fehler gemeinsam und verbessert sie. Schreibt dann das ganze Diktat noch einmal ab.**

 ISBN 978-3-8346-3800-7 | www.verlagruhr.de

Deine Meinung zum Buch

alle Seiten

1. Beantworte die Fragen.
Versuche, deine Meinung zu begründen.

Welche Personen mochtest du besonders gern?

....

....

Welche Stelle fandest du besonders spannend?

....

....

Welche Stelle hat dir nicht so gut gefallen?

....

....

Wie fandest du das Ende der Geschichte?

....

....

2. Welche Note würdest du dem Buch geben?

Ich würde dem Buch die Note .... geben, weil ....

....

....

3. Würdest du das Buch weiterempfehlen?
Kreuze an.

☐ Ich würde das Buch weiterempfehlen.
☐ Ich würde das Buch nicht weiterempfehlen.

ISBN 978-3-8346-3800-7 | www.verlagruhr.de